THE LANGUAGE GYM

RELATOS

EL LADO EQUIVOCADO

Yuki's story

Imprint: The Language Gym

Edited by:
Carlota Seriñá Viguer & Roberto Jover Soro

About the authors

Tom Ball is head of the World Languages faculty and teaches French and Spanish at a leading international school in Malaysia. He is an experienced teacher and veteran faculty leader with 13 years of experience, ranging from the UK, the USA and now Malaysia. An avid writer, his stories are inspired by years of traveling and working around the world, including stints as a melon picker in the South of France, a deckhand in Papua New Guinea, and a wine merchant in London. He lives with his wife, Carlota, his son, Dacho, and their two cats in Kuala Lumpur. Tom has a passion for crafting intriguing story lines, writing witty prose, and creating dynamic characters that jump off the page and come to life. His teaching career, with a proven track-record ranging from Primary to A-Level, allows him to pitch the language at a level which creates challenging, engaging, but also student-friendly academic resources.

Dylan Viñales has taught for 15 years, in schools in Bath, Beijing and Kuala Lumpur in state, independent and international settings. He lives in Kuala Lumpur. He is fluent in five languages, and gets by in several more. Dylan is, besides a teacher, a professional development provider, specialising in E.P.I., metacognition, teaching languages through music (especially ukulele) and cognitive science. In the last five years, together with Dr Conti, he has driven the implementation of E.P.I. in one of the top international schools in the world: Garden International School. Dylan authors an influential blog on modern language pedagogy in which he supports the teaching of languages through E.P.I.

Gianfranco Conti taught for 25 years at schools in Italy, the UK and in Kuala Lumpur, Malaysia. He has also been a university lecturer, holds a Master's degree in Applied Linguistics and a PhD in metacognitive strategies as applied to second language writing. He is now an author, a popular independent educational consultant and professional development provider. He has written around 2,000 resources for the TES website, which have awarded him the Best Resources Contributor in 2015. He has co-authored the best-selling and influential book for world languages teachers, "The Language Teacher Toolkit", "Breaking the sound barrier: Teaching learners how to listen", in which he puts forth his Listening As Modelling methodology and "Memory: what every language teacher should know". Last but not least, Gianfranco has created the instructional approach known as E.P.I. (Extensive Processing Instruction).

DEDICATION

For Catrina
- Gianfranco

For Ariella and Leonard
- Dylan

For Dacho
- Tom

Acknowledgements

A big thanks to our friends and family for the ongoing support and good humour while we work hard to produce these resources.

Secondly, our most sincere thanks and gratitude to our team of volunteer student readers: Yoo Jin Lee, Kimberleigh Chew, Yashvardhan Pagaria, Amy Hu, Dhruv Iyer, Isaac Mudge, Ishika Chakraborty, Meher Chopra, Lily Zhan, Smruti Rao, Natalie Wong, Keva Pendharkar, Joshua Tomson, Ayesha Mohamad Nuhairi, Tiam Lak, Manvita Bharath Vasudevan, Tim He, Xin Yuan Leow, Jeevika Purkar, Ameira & Anaya Dhanoa, Kkabir Bhalla, Arav Rajput, Marc & Matthew Tang, Nicole Sun, Shweta Nair, Zoe Skinner, Sam Sajan, Simran Kamal & Alba Confalone. Your insights into the difficulty level of the language, suitability of the English translation, and comments on the plot lines, characters and references to society have helped us fine-tune and improve the book.

A special mention, as always, to the fabulous MFL Twitterati community for their support and feedback throughout the creation process of this book.

Thank you to Carlota, Roberto & Paloma for their time spent reading, re-reading, proofreading and editing this book.

Introduction

Yuki, a spirited but innocent Japanese student, arrives in rural Spain excited to immerse herself in the Spanish way of life. She is quickly bewitched by the passion and excitement of the local culture, but soon learns that beneath the colourful Iberian flair, there are secrets that threaten to tear apart this charming community. Befriending a group of local *gitanos*, she is immediately swept up in their youthful exuberance, but later learns that not everyone shares her enthusiasm for these youngsters and that passion can, at times, boil over into hostility.

Can Yuki uncover the secrets that divide the town? Will her efforts to bring the residents together bring peace or bloodshed?

El Lado Equivocado is a story about the excitement of experiencing a foreign culture, about broken relationships and social exclusion, and about the incredible healing power of music.

Written for, and with input from, GCSE students, *El Lado Equivocado*, is the ideal accompaniment to the GCSE course.

TABLE OF CONTENTS

CHAPTER 1

Problemas con los vecinos

Argés, Castilla la Mancha

@lajaponesadenegro
#japonesaenespaña #aprenderespañolesguay #japonesadelfuturo

¡Por fin estoy en España! El viaje desde Japón ha sido muuuuy largo, pero estoy súper feliz de estar aquí. Mis clases de español empiezan la semana que viene, así que tengo unos días para conocer a la gente del barrio. ¡Qué empiece la aventura!

Llegué a España a las once de
la mañana. Juan y Ana –mi
familia de acogida– me
llevaron a Argés, donde me voy
5   a alojar durante todo el verano.

El pueblo es exactamente como
lo imaginaba: histórico, el aire
huele a humo de leña y la gente
10 vive en casas de piedra
repartidas alrededor de una
plaza donde hay una pequeña
iglesia con una torre medieval
muy pintoresca.
15

La casa de Juan y Ana también
está hecha de piedra y está
situada en una colina a un lado
de la carretera que cruza el
20 pueblo.

Al otro lado hay una especie de
campamento formado por un
grupo de caravanas aparcadas y
25 chabolas a la entrada del
bosque.

Entre los tejados del casco
antiguo de Toledo y el pueblo
30 Argés solo está este denso
bosque y el campamento.

I arrived in Spain at eleven in
the morning. Juan and Ana –
my host family – took me to
Argés, where I would be
staying for the whole summer.

The village is exactly as I'd
imagined it: historic, the air
smells of wood smoke and the
people live in stone houses
clustered around a square
where there is a small church
with a very picturesque
mediaeval tower.

Juan and Ana's house is also
made of stone and is situated
on a hill on one side of the road
which runs through the town.

On the other side of the road
there is a kind of camp made up
of a group of parked caravans
and huts in the entrance of the
forest.

Between the roofs of Toledo's
old town and the village of
Argés there lies only the dense
wood and the camp.

Un panorama bastante raro: la naturaleza y el desorden.

A strange panorama: nature and mess.

El coche de Juan entró al patio de la casa a través de un portón en la verja de hierro. A un lado, delante del garaje, vi un antiguo pozo.

Juan's car entered the house's patio via a large iron gate. On one side, in front of the garage, I saw an old well.

Podía imaginar a la gente sacando agua del pozo hace cientos de años. En ese momento, vi mi cara reflejada en el retrovisor del coche, maquillada al estilo gótico con colores grises y negros, y me pregunté: «¿Cómo me van a recibir?».

I could imagine people getting water from the well a hundred years ago. At that moment I saw the reflection of my face in the rearview mirror of the car, made-up in a gothic style with greys and blacks, and I wondered: *What are they going to think of me?*

Cuando bajé del coche, sentí el calor abrasante del verano de Castilla la Mancha. ¡Un calor de perros! Y yo… vestida con ropa negra.

When I got out of the car, I felt the scorching summer heat of Castilla la Mancha. Boiling hot! And me…dressed in black clothes.

El patio delantero de la casa de Juan y Ana es muy amplio y hay varias mesas. En cada una de las mesas hay un menú con fotos y precios de comidas, y debajo de una de las mesas, hay un perro dormido.

The patio in front of Juan and Ana's house is very large and there are several tables. On each of the tables there is a menu with photos and prices of food, and below one of the tables, there is a sleeping dog.

No sé qué parece más viejo: la casa o el perro.

Juan cogió mi maleta y me
5 dijo: —Ana y yo llevamos un restaurante aquí, ¿sabes? Es el negocio familiar. Yo soy el cocinero y Ana es la camarera.

10 Encima de la puerta vi un cartel que decía: «Casa Juancho». El perro se despertó y vino a saludarnos.

15 —Bienvenida a Argés —me dijo Ana abriendo la gran puerta de madera con una sonrisa—, aquí no hay mucho que hacer, pero te aseguro que
20 vas a comer bien y a hablar mucho español. Juan y yo no hablamos ni media palabra de chino.

25 —Japonés. Soy japonesa —le corregí, pero nadie me contestó.

Dentro del restaurante estaba
30 bastante oscuro, las viejas murallas de piedra no dejaban entrar mucha luz.

I don't know what looks older: the house or the dog.

Juan took my suitcase and said to me: "Ana and I run a restaurant here, you know? It's a family business. I'm the cook and Ana is the waitress."

Above the door I saw a sign that said, 'Casa Juancho'. The dog woke up and came to say hello.

"Welcome to Argés," said Ana, opening the large wooden door with a smile, "there's not much to do here, but I assure you that you'll eat well and will speak lots of Spanish. Juan and I don't speak a word of Chinese."

"Japanese. I am Japanese," I corrected, but nobody replied.

Inside the restaurant it was quite dark, the old stone walls not allowing much light to enter.

En la entrada vi unas fotos
descoloridas del restaurante en
otra época. Había docenas de
personas comiendo en el patio
5   y pasándolo bomba.

Me dio la impresión de que, en
el pasado, el restaurante fue
muy popular. Me preguntaba si
10 todavía sería un lugar de
reunión para la gente local.

Siguiendo a Ana, entré en una
sala grande con una docena de
15 mesas y un bar. Al lado del bar
el suelo estaba elevado– como
si fuera un escenario.

De repente, oí un ruido al otro
20 lado de la sala y giré la cabeza.
Vi una puerta con una
ventanilla – probablemente la
cocina – y vi la cara de un
chico dentro. «¿Quién es?
25 ¿Tienen hijos de mi edad?», me
pregunté, pero no dije nada.

—Ven —me dijo Ana—, te
enseño tu habitación.

30

Estaba emocionada de estar en
un lugar así. Había pósteres de
bailaoras en las paredes.

In the entrance I saw some
discoloured photos of the
restaurant in another age. There
were dozens of people eating
on the patio and having a great
time.
It gave me the impression that,
in the past, the restaurant was
very popular. I wondered if it
was still a meeting place for the
locals.

Following Ana, I entered a
large room with a dozen tables
and a bar. On one side of the
bar, the floor was raised - as if
it were a stage.

Suddenly, I heard a sound on
the other side of the room and I
turned my head. I saw a door
with a small window - probably
the kitchen - and I saw the face
of a boy inside. *Who's that? Do
they have kids of my age?* I
wondered, but I didn't say
anything.
"Come on," said Ana to me,
"I'll show you your room."

I was excited to be in a place
like this. There were posters of
flamenco dancers on the walls.

Imaginaba cómo sería por la noche cuando llegaran los clientes.

—¿Cuál es tu especialidad,
5 Juan? —le pregunté dándome cuenta de que tenía bastante hambre.

—Toda la comida que hago está muy buena, hija —contestó
10 guiñando un ojo—. La vas a probar enseguida. ¿Te parece bien?

Las escaleras de madera
15 crujieron bajo mis botas militares. En la primera planta había un pasillo con varias puertas cerradas. Ana abrió la última puerta y se giró para
20 decirme que esa era mi habitación.

Juan puso mi maleta encima de la cama y se dirigió hacia la
25 ventana. La luz que entraba por la ventana brillaba entre el polvo que flotaba en la habitación.

30 Me dio la impresión de que yo era la primera visita que tenían en mucho tiempo.

I imagined what it would be like at night when the customers arrived.
"What's your speciality, Juan?" I asked, realising that I was quite hungry.

"All of the food I make is good, sweetie," he replied winking. "You'll taste it very soon. Does that sound good?"

The wooden stairs creaked beneath my army boots. On the first floor there was a corridor with several closed doors. Ana opened the last door and turned to tell me that it was my room.

Juan put my suitcase on the bed and headed toward the window. The light entering through the window shone through the dust floating in the room.

It gave me the impression that I was the first visitor they'd had in a long time.

—Te he dejado esto encima de la cama —dijo Ana señalando las toallas—. Toma, me parece que esto también te va a hacer
5 falta —añadió mientras me daba un bote de crema solar.

"I left this on the bed for you," said Ana pointing to the towels. "Here, it looks like you'll need this too," she added while handing me a bottle of suncream.

Juan se giró, la luz de la ventana brillaba a su alrededor.
10 —¿Tienes todo lo que necesitas?
—Sí, muchas gracias —contesté—. Lo tengo todo. Me encanta la casa y me encanta la
15 habitación. Oye, ¿puedo ayudaros en la cocina?

Juan turned, the light shining around him. "Do you have everything you need?" "Yes, thanks so much," I replied. "I have everything. I love the house and I love the room. Hey, can I help you in the kitchen?"

Juan hizo un ruido raro, entre una risa y una tos.
20 —Antes, Casa Juancho era el restaurante más popular de Argés. Toda la gente venía aquí: los agricultores, los obreros, los camioneros, los
25 ricachones, pero ahora… —Su voz se apagó.

Juan made a weird noise, between a laugh and cough. "In the past, Casa Juancho was the most popular restaurant in Argés. Everyone used to come here: farmers, workers, truck drivers, rich people, but now…" His voice faded.

Ana miraba por la ventana.

Ana was looking out the window.

30 —Es que, antes no teníamos problemas con los… los vecinos… —me dijo en voz baja.

"The thing is, before we didn't have any problems with the…the neighbours…" he said in a low voice.

—¿Problemas? ¿Con los
vecinos?
Ana le lanzó una mirada a
Juan.

5

—Es complicado, cielo. Ya
hablaremos de esto en otro
momento.

10 Cuando salieron de la
habitación, miré por la ventana.
La vista de Toledo era
verdaderamente asombrosa.

15 Al otro lado de la calle, delante
del bosque, un grupo de
personas estaba charlando
animadamente delante de una
de las caravanas.
20 —Los vecinos —murmuré y
salí para comer.

"Problems? With the
neighbours?"
Ana threw a look at Juan.

"It's complicated, sweetie.
We'll talk about it another
time."

When they left the room, I
looked out of the window. The
view of Toledo was truly
breathtaking.

On the other side of the road, in
front of the forest, a group of
people was chatting in a lively
way, in front of one of the
caravans.
"The neighbours," I muttered
and left to have lunch.

CHAPTER 2

¡No toques a mi perro!

Argés, Castilla la Mancha

@lajaponesadenegro
#japonesaenespaña #aprenderespañolesguay #japonesadelfuturo

Me encanta el restaurante y también mi habitación. Pero aquí hay algo raro… Tengo la impresión de que la gente tiene secretos y quiero descubrir cuáles son…

 THE LANGUAGE GYM

Comimos a las tres. Me dijeron
que los españoles comen tarde,
pero ¡¿a las tres?! Es casi la
hora de cenar… Salí al patio
5 con un hambre canina y me
senté en una mesa.

Vinieron algunas personas para
comer, pero la mayoría de las
10 mesas estaban vacías.
El perro se acercó a paso de
tortuga a sentarse debajo de mi
mesa y me miró con ojos
optimistas.
15
—¿Qué te apetece? —me
preguntó Ana, que llevaba un
delantal rojo.
—No lo sé, Ana. No hay
20 muchos restaurantes españoles
en Tokio.
Ana se rió.
—Vale, hija. Te voy a traer un
bocata de tortilla y unos
25 pimientos de Padrón. ¿Te
parece bien?

Asentí mientras mi estómago
rugía como un león. El perro
30 seguía mirándome con interés.
Ana desapareció y miré a mi
alrededor.

We ate at three. They told me
that the Spanish eat late, but at
three?! It's almost time for
dinner… I went out to the patio
feeling hungry like a dog and
sat down at a table.

A few people came to eat, but
most of the tables were empty.
The dog came at a snail's pace
to sit under my table and
looked at me with hopeful eyes.

"What do you fancy?" Ana
asked me, wearing a red apron.

"I don't know, Ana. There
aren't many Spanish restaurants
in Tokyo."
Ana laughed.
"Okay, sweetie. I'm going to
bring you a tortilla sandwich
and some *Padrón* peppers.
Does that sound OK?"

I nodded as my stomach
growled like a lion. The dog
kept looking at me with
interest. Ana disappeared and I
looked around me.

A pesar del hambre, estaba muy contenta. La casa era muy bonita y vivir en un restaurante español era lo más.

5

El patio estaba cubierto de preciosas plantas y flores de todos los colores. Cerré mis ojos e inhalé el aire: olía a
10 naturaleza y a la comida de la cocina de Juan.

—Oiga, usted no es de aquí, ¿verdad, señorita?
15

Abrí los ojos y vi delante de mí un hombre muy viejo con un bastón. Era muy bajo –incluso más bajo que yo–, y olía a
20 tabaco y a tierra. Llevaba una camisa a cuadros, vaqueros y una peculiar pulsera de cobre en la muñeca.

25 Me miró con sus ojos tan negros como cuevas y se sentó en la mesa de al lado.
—No, señor, no soy de aquí. Soy japonesa.
30 —¿Asiática, dices? —Me observó como si fuera un alienígena, con un brillo especial en su mirada—.

Despite the hunger, I felt very happy. The house was very pretty and living in a Spanish restaurant was the best.

The patio was covered with beautiful plants and flowers of all colours. I closed my eyes and inhaled the air: it smelled of nature and food from Juan's kitchen.

"Hey, you're not from here, are you, young lady?"

I opened my eyes and saw in front of me a very old man with a cane. He was very short - even shorter than me - and he smelled of tobacco and earth. He was wearing a checked shirt, jeans, and a curious copper bracelet on his wrist.

He looked at me with his eyes as black as caves and sat down at the next table.
"No, sir, I'm not from here. I am Japanese."
"Asian, you say?" He looked at me as if I were an alien, with a special kind of glint in his eyes.

Me dijeron que allí en Asia
coméis perro. ¿Es eso verdad?
—me preguntó, mirando de
reojo al perro que estaba
5   tumbado debajo de mi mesa.

—Creo que estás pensando en
los chinos o en los coreanos. Y
no sé si es verdad, pero yo soy
10 japonesa y te aseguro que no
como perro.

El abuelo me miró con
desconfianza.
15   —Vale, hija, vale. Pero… por
si acaso, ¡no toques al perro!
¿De acuerdo? Tenemos
suficientes problemas con los
gitanos. Para ellos el perro es
20 una especialidad, ¿sabes? La
rata también —dijo metiéndose
un puñado de cacahuetes en la
boca.

25 —¿Los gitanos? —No entendía
lo que me decía—. ¿De qué
habla, señor?

—Anda, ¿no te han contado lo
30 de los gitanos todavía? Mira —
y señaló hacia el campamento
al otro lado de la calle.

"I heard that over in Asia you
eat dogs. Is it true?" he asked
me, glancing at the dog lying
under my table.

"I believe you're thinking of
the Chinese or the Koreans.
And I don't know if it's true, but
I'm Japanese and I assure you I
don't eat dogs."

The old man looked at me
suspiciously.
"Okay, missy, okay. But…just
in case, don't touch the dog!
Alright? We have enough
problems with the gypsies. For
them, dogs are a specialty, you
know? Rats too," he said,
stuffing a handful of peanuts
into his mouth.

"The gypsies?" I didn't
understand what he was saying.
"What are you talking about,
sir?"
"Come on, haven't they told
you about the gypsies yet?
Look," and he pointed to the
campsite across the street.

En ese momento, Ana volvió con mi bocata y un vaso de zumo de naranja.

—¿Estás molestando a nuestra invitada, papá?

—Molestando, hija, ¿yo? ¡Nunca! Sólo quería aprender un poco de chino… ¿Sabes lo que utilizan para lavar el pelo en China? Chin-cham-pu…

Ana me miró y puso los ojos en blanco.

—No le hagas caso, hija. Mi padre lleva setenta y cinco años en este pueblo y se cree que todavía vivimos en los años cincuenta.

—Pero lo de los gitanos, no es broma —dijo el abuelo enojado—. Llegaron y nos arruinaron. Mi mujer murió hace muchos años, pero cuando estaba viva este sitio era una mina de oro.

Ana levantó una mano y suspiró.

—Papá, no olvides también que la mayoría de los gitanos no viven en chabolas. ¿No te acuerdas de la señorita Isabel?

At that moment, Ana came back with my sandwich and a glass of orange juice.

"Are you bothering our guest, Dad?"

"Bothering her, my love, me? Never! I just wanted to learn some Chinese… Do you know what they use to wash hair in China? Chin-cham-pu…"

Ana looked at me and rolled her eyes.

"Don't mind him, sweetie. My father has been in this town for seventy-five years and thinks we're still living in the fifties."

"But the stuff about the gypsies, isn't a joke," said the old man, annoyed. "They came here and they ruined us. My wife died many years ago, but when she was alive this place was a gold mine."

Ana raised a hand and sighed.

"Dad, don't forget too that most gypsies don't live in shanty towns. Don't you remember Miss Isabel?"

—¿Isabel? ¿Tu profesora del cole? ¡Ella no era gitana!

—¡Claro que sí! ¿Y el doctor? No me acuerdo de su nombre… El que te atendió en el hospital cuando te caíste por las escaleras hace dos años, también era de raza gitana — Ana me miró negando con la cabeza.
—De todos modos, papá, ahora no es momento para hablar de esto. Tenemos una invitada en casa.

Terminé el bocata y llevé el plato vacío a la cocina. Juan estaba cortando verduras y había algo en el horno que olía fantástico.

—Juan, el bocata estaba delicioso. ¡Es verdad que haces una comida muy rica! ¡Gracias!

—Es un placer —contestó Juan—. ¿Es la primera vez que comes un bocata?

"Isabel? Your school teacher? She was not a gypsy!"

"Of course she was! And the doctor? I don't remember his name... The one who treated you at the hospital when you fell down the stairs two years ago, he was also a gypsy," Ana looked at me shaking her head.

"Anyway, Dad, now is not the time to talk about this. We have a guest at home."

I finished my sandwich and took the empty plate to the kitchen. Juan was cutting vegetables and there was something in the oven that smelled fantastic.
"Juan, the sandwich was delicious. You really do make a great meal! Thank you!"

"It's a pleasure," Juan replied. "Is that the first time you ate a sandwich?"

—¿Uno tan bueno como este?
Sí. Ahora voy a dar un paseo,
¿te parece bien?

5 Juan se giró y estaba a punto de
decir algo cuando Ana les
interrumpió.

—Claro. ¿Por qué no te llevas
al perro? Mi padre no lo saca
10 mucho y nuestro pueblo es
pequeñito, así que no te vas a
perder.

—¿Tú crees que es buena idea?
15 —dijo Juan a Ana dudando.
Ana se dirigió a mí.

—No tengas miedo, hija. A
estos viejos les gusta contar
20 tonterías. Como que hay
delincuentes en Argés que
quieren hacerte daño. Pero no
es verdad. De todas formas —
me dijo mirando su reloj—, son
25 las cuatro de la tarde y todo el
mundo se está echando la
siesta. Los delincuentes y los
no delincuentes.

"One as good as this one? Yes.
Now I'm going to take a stroll,
okay?"

Juan turned around and was
about to say something when
Ana interrupted.

"Of course. Why don't you take
the dog? My father doesn't take
him out much and our town is
tiny, so you won't get lost."

"You think that's a good idea?"
said Juan to Ana hesitantly.
Ana turned to me.

"Don't be afraid, sweetie. These
old-timers like to talk nonsense.
Like saying there are criminals
in Argés who want to hurt you.
But it is not true. In any case,"
she said to me, looking at her
watch, "it's four in the
afternoon and everyone is
taking a nap.
The criminals and non-
criminals."

CHAPTER 3

El Velilla

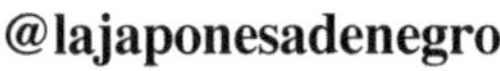

Argés, Castilla la Mancha

@lajaponesadenegro
#japonesaenespaña #aprenderespañolesguay #japonesadelfuturo

Dicen que hay mala gente por el pueblo. Tengo ganas de conocer a un «delincuente» español…

THE LANGUAGE GYM

Salí del restaurante con el
perro, Sancho, bajo la atenta
mirada de Juan. No había nadie
en el patio. Incluso don
5   Ernesto, el abuelo antipático,
anticuado y cascarrabias que no
quería que tocara al perro, se
había ido a echar la siesta en su
dormitorio.
10

Mientras Sancho olfateaba por
el patio, me dirigí hacia el
pozo, tenía curiosidad por ver
cómo era de profundo. Me
15   asomé y solo vi oscuridad.
Parecía un agujero negro, un
pozo sin fondo.

De repente, una voz detrás de
20   mí me sorprendió.
—¿Eres la chica japonesa que
se queda con Juan y Ana?

Me giré para ver quién era y me
25   encontré frente al chico que vi
un rato antes en la ventana de la
cocina.

Era más alto de lo que yo
30   pensaba, y tenía el pelo largo,
negro y ondulado y los ojos
oscuros y melancólicos.

I left the restaurant with the
dog, Sancho, under the
watchful eye of Juan. There
was no one on the patio. Even
Don Ernesto, the unfriendly,
old-fashioned, cantankerous old
man who didn't want me to
touch the dog, had gone to take
a nap in his bedroom.

As Sancho sniffed around the
patio, I headed toward the well,
curious to see how deep it was.
I looked into it and saw only
darkness. It looked like a black
hole, a bottomless pit.

Suddenly, a voice from behind
startled me.
"Are you the Japanese girl
who's staying with Juan and
Ana?"
I turned to see who it was and
found myself facing the boy I
had seen earlier in the kitchen
window.

He was taller than I thought,
with long, wavy black hair and
dark, brooding eyes.

Llevaba una camiseta que decía «Camarón» y unos vaqueros negros con agujeros en las rodillas y que parecían muy

5 sucios.

—Sí, estoy aquí para aprender español…
—¡Pero ya lo hablas bien!
10 ¿Cómo te llamas, chica japonesa? —Tenía una voz grave pero suave.

—Me llamo Yuki… que
15 significa «nieve» en mi idioma… —De repente sentí vergüenza. ¿Qué le importaba a este chaval el significado de mi nombre?—. Lo siento, tengo
20 que irme. Voy a pasear al perro —dije.

—Encantado Yuki que significa «nieve». Soy Pablo,
25 pero a veces mis primos me llaman el «Velilla». ¿A lo mejor podemos quedar más tarde? ¿Te gusta la música?

30 Estaba a punto de contestar cuando la voz de Juan interrumpió mis pensamientos.

He was wearing a T-shirt that said 'Camarón' and black jeans with holes in the knees that looked very dirty.

"Yes, I'm here to learn Spanish…"
"But you already speak it well! What's your name, Japanese girl?" He had a deep but soft voice.

"My name is Yuki... which means 'snow' in my language…" Suddenly I felt embarrassed. Why would this guy care what my name meant? "I'm sorry I have to go. I'm going to walk the dog," I said.

"Pleased to meet you, Yuki which means 'snow'. I'm Pablo, but sometimes my cousins call me 'Velilla'. Maybe we can hang out later? Do you like music?"

I was about to answer when Juan's voice interrupted my thoughts.

—¡Oye, Pablo! Que no te pagamos para charlar con nuestros invitados —dijo enojado—. Ven a fregar el
5 suelo y luego puedes irte a casa.
Sonreí a Pablo –el Velilla–, y Sancho y yo salimos a la calle.

10 Pasamos por unas casas de piedra que estaban al lado de la pequeña iglesia. El pueblo era verdaderamente pintoresco. Como hacía mucho calor,
15 decidí cruzar la calle para andar a la sombra de los árboles. Un coche pasó rápidamente y me di cuenta de que la carretera podría ser peligrosa.
20

Delante de nosotros, vi las caravanas desparramadas a la entrada del bosque y me pregunté qué harían los gitanos
25 para ganar dinero en un pueblo tan pequeño.

Decidí no caminar por el campamento de los gitanos, y
30 Sancho y yo tomamos un camino que iba por dentro del bosque.

"Hey, Pablo! We don't pay you to chat with our guests," he said angrily. "Come and mop the floor and then you can go home."

I smiled at Pablo -Velilla-, and Sancho and I went out into the street.
We passed some stone houses that were next to the little church. The town was truly picturesque.
Since it was very hot, I decided to cross the street to walk in the shade of the trees. A car passed by quickly and I realised that the road could be dangerous.

Ahead of us, I saw the caravans scattered at the edge of the forest and wondered what the gypsies would do to earn a living in such a small town.

I decided not to walk through the gypsy camp, and Sancho so I took a path that led into the woods.

—No sé si don Ernesto se va a alegrar de que paseemos juntos, Sancho —le dije al perro mientras él olfateaba las rocas y
5 arbustos con entusiasmo.

Poco después, nos encontramos en el corazón del bosque. A nuestro alrededor había árboles
10 que nos protegían del sol y proyectaban largas sombras, dejando solo una pequeña ventana al cielo azul.

15 Me acordé de mi barrio en Tokio: las concurridas calles y el ritmo incesante de la ciudad. En Tokio no había ningún sitio tan tranquilo como este. Me
20 sentí en la gloria: naturaleza y tranquilidad total. Pero un ruido rompió el silencio y Sancho se puso en alerta.

25 Oí voces y música. Seguimos el ruido hasta que llegamos al borde del campamento de los gitanos. Pensé en lo que había dicho el abuelo Ernesto.
30 Que los gitanos habían arruinado a la gente del pueblo, pero yo no podía entender por qué.

"I don't know if Don Ernesto is going to be happy that we're walking together, Sancho," I said to the dog as he sniffed the rocks and bushes enthusiastically.
Soon afterwards, we found ourselves in the heart of the forest. Around us there were trees that protected us from the sun and cast long shadows, leaving only a small window to the blue sky.

I was reminded of my neighbourhood in Tokyo: the busy streets and the incessant rhythm of the city. In Tokyo there was nowhere as quiet as this. I felt as if I were in heaven: surrounded by nature and in total tranquillity. But a noise broke the silence and Sancho became alert.
I heard voices and music. We followed the noise until we reached the edge of the gypsy camp. I thought about what grandpa Ernesto had said. That the gypsies had ruined the locals, but I couldn't understand why.

«¿Cómo viven los gitanos?»,
me pregunté escondiéndome
con el perro entre unos
arbustos.

5

Sentí el latir de mi corazón, una
mezcla de miedo y de emoción
corriendo por mis venas. Era
apasionante, como si estuviera
10   en otro planeta observando a un
grupo de extraterrestres.

De repente, un grupo de chicos
apareció por detrás de las
15   caravanas arrastrando algo.
Llevaban ropa vieja y sucia.

El primer chico era alto y muy
musculoso. Estaba fuerte como
20   un toro y llevaba una guitarra.
Al segundo chico lo reconocí
inmediatamente –era «Pablo el
Velilla»–, el chico que trabaja
en el restaurante.

25

Detrás de ellos, había una chica
de quince o dieciséis años con
el pelo negro y rizado que
caminaba con andar ligero.

30

Llevaba un vestido rojo con
lunares negros.

How do gypsies live?
I wondered, hiding with the
dog in some bushes.

I could feel my heart beating, a
mix of fear and exhilaration
coursing through my veins. It
was exciting, as if I were on
another planet watching a
group of aliens.

Suddenly, a group of boys
appeared from behind the
trailers dragging something.
They wore old and dirty
clothes.
The first boy was tall and very
muscular. He looked as strong
as a bull and he was carrying a
guitar. I recognized the second
boy immediately – it was Pablo
'Velilla' – the boy who works
in the restaurant.

Behind them, there was a
fifteen- or sixteen-year-old girl
with curly, black hair who was
walking lightly.

She was wearing a red dress
with black polka dots.

Los tres estaban charlando,
riendo y cantando.

Pablo arrastraba un palé como
5 los que hay en los mercados en
Tokio.

—Oye, Pablo, ¿lo hacemos
aquí? —dijo el chico fornido
10 con un fuerte acento.
Pablo dijo que sí y el chico
puso el palé en el suelo.
«¿Qué hacen?», me pregunté
intrigada, agarrando bien la
15 correa de Sancho.

El perro me miraba con ojos
grandes. Parecía tener miedo.
—Está bien, Sancho —susurré
20 lo más bajito que pude.
Pablo se subió encima del palé
como si fuera un escenario.

Luego, el chico musculoso se
25 puso a tocar la guitarra y Pablo
levantó sus largos brazos de
forma dramática.

La chica del vestido rojo y
30 negro observaba y tocaba las
palmas, y un rato después
empezó a cantar, con voz rica y
melancólica.

The three of them were
chatting, laughing and singing.

Pablo was dragging a pallet like
the ones in the markets in
Tokyo.

"Hey, Pablo, shall we do it
here?" said the stocky boy in a
heavy accent.
Pablo said 'yes' and the boy
put the pallet on the ground.
What are they doing? I asked
myself intrigued, holding
tightly onto Sancho's leash.

The dog looked at me with big
eyes. He seemed afraid.
"It's all right, Sancho," I
whispered as softly as I could.
Pablo climbed on top of the
pallet as if it were a stage.

Then, the muscular boy began
to play the guitar and Pablo
raised his long arms
dramatically.

The girl in the red and black
dress watched and clapped her
hands, and after a while she
began to sing, her voice rich
and melancholic.

No me podía creer lo que
estaba pasando delante de mis
ojos. Un espectáculo flamenco
privado en medio del bosque.

I couldn't believe what was
happening in front of my eyes.
A private flamenco show in the
middle of the forest.

5

¡Qué suerte! Sin hacer ruido
saqué mi teléfono para grabar
un vídeo. Sancho me miró con
la cabeza de medio lado, como
10 si no fuese muy buena idea,
pero no hizo nada al respecto.
Estaba hipnotizada.

Lucky me! Without making a
sound I took out my phone to
record a video. Sancho looked
at me with his head askew, as if
it wasn't a very good idea, but
he didn't do anything about it.
I was hypnotised.

El chaval musculoso tocaba
15 muy bien, pero Pablo… ¡Pablo
se movía como el agua!

The muscular kid played really
well, but Pablo… Pablo moved
like water!

Elegante y rítmico, bailando
como las llamas de una hoguera
20 en el aire. Al ver esto entendí
por qué le llamaban el Velilla.
Mientras tanto, la voz melódica
de la chica me hizo sentir algo
profundo en el alma, aunque no
25 entendiera todas las palabras.

Elegant and rhythmic, dancing
like the flames of a fire rising
in the air. Seeing this, I
understood why they called
him Velilla. Meanwhile, the
girl's melodic voice made me
feel something deep in my soul,
even though I didn't understand
all the words.

Escuchamos otro ruido detrás
de nosotros.

We heard another noise behind
us.

30 Pensé que alguien se nos
acercaba… pero solo era un
gato negro.

I thought someone was coming
towards us...but it was just a
black cat.

El gato vio a Sancho. Sancho
vio al gato y, en ese momento,
supe exactamente lo que iba a
pasar.

5

El perro se puso a ladrar y los
dos animales salieron corriendo
hacia donde Pablo estaba con
sus amigos. No me quedó otra
10 opción que salir de los
arbustos.

The cat saw Sancho. Sancho
saw the cat and, in that
moment, I knew exactly what
was going to happen.

The dog started barking and the
two animals ran to where Pablo
was with his friends. I had no
choice but to come out of the
bushes.

CHAPTER 4

No tenemos agua

Argés, Castilla la Mancha

@lajaponesadenegro
#japonesaenespaña #aprenderespañolesguay #japonesadelfuturo

Acabo de ver un espectáculo en el bosque. Estoy escondida, pero creo que están a punto de descubrirme. Espero que no sean los delincuentes de los que hablaba don Ernesto…

Los tres me miraron con
confusión. Claramente, no
esperaban ver a una japonesa
salir de los arbustos.

5

—¿Qué haces aquí, prima? ¿Y
quién eres? —preguntó el chico
musculoso.
No sabía qué decir. El chico se
10   acercaba hacia mí.

—Oye, primo —dijo Pablo—,
es la japonesa que mencioné
antes. Se llama Yuki y se aloja
15   con Juan y Ana. ¿Estás perdida,
prima?

«¿Prima?», pensaba yo algo
confundida. «No somos de la
20   misma familia. Ni siquiera del
mismo país», pero no dije nada.

—Estaba paseando al perro por
el bosque y… y… No sé…
25   pero bailas muy bien…

—Qué bailas bien, sí, como la
llama de una vela —interrumpió
el chico musculoso con voz
30   sarcástica—. Parece que tienes
una aficionada china.

The three of them looked at me
in confusion. Clearly, they
weren't expecting to see a
Japanese girl emerge from the
bushes.
"What are you doing here,
cousin? And who are you?"
asked the muscular boy.
I did not know what to say. The
boy was walking towards me.

"Hey, cousin," Pablo said. "It's
the Japanese girl I mentioned
earlier. Her name is Yuki and
she's staying with Juan and
Ana. Are you lost, cousin?"

Cousin? I thought. somewhat
confused. *We are not from the
same family. Not even from the
same country*, but I didn't say
anything.
"I was walking the dog in the
woods and… and… I don't
know… but you dance very
well…"
"You dance so well, yeah, like
a candle flame," interrupted the
muscular boy in a sarcastic
voice. "Sounds like you have a
Chinese fan."

—Soy japonesa —dije un poco frustrada—, pero sí, me gusta mucho… Me gusta el baile, quiero decir.

5

—Y, ¿qué más te gusta, Yuki japonesa? —me preguntó la chica.

10 —Pues… me gusta leer manga… y también me gusta bailar. —Miré a Pablo un poco avergonzada—. Y me encanta escuchar música.

15

—¿Te gusta el flamenco? —preguntó la chica.
—¡Me encanta!
—La chica tiene buen gusto —
20 dijo el chaval musculoso—. Soy Enrique, pero me llaman «Mastín» porque soy fuerte y musculoso como un perro guardián, ¿sabes?

25

—Más bien feo y apestoso cómo un perro callejero, —murmuró la chica.

30 —¿Qué dices Jessica? —dijo Mastín con rabia, y pude ver por qué le pusieron ese apodo.

"I'm Japanese," I said, a little frustrated, "but yes, I do like it, a lot… I like dancing, I mean."

"And what else do you like, Japanese Yuki?" the girl asked me.

"Well... I like to read manga... and I also like to dance." I looked at Pablo a little embarrassed. "And I love listening to music."

"Do you like flamenco?" the girl asked.
"I love it!"
"The girl has taste," said the muscular boy. "I'm Enrique, but they call me 'Mastiff' because I'm strong and muscular like a guard dog, you know?"

"More like ugly and smelly like a stray dog," the girl muttered.

"What's that, Jessica?" Mastiff said angrily, and I could see why he'd been given that nickname.

—Venga, chicos. Vamos a tomar algo. ¿Vienes con nosotros, Yuki?

5 Pasamos por detrás de las caravanas que se veían desde mi ventana y vi que había todavía más caravanas. Mastín y Jessica siguieron discutiendo
10 cuando Pablo dijo:
—Bienvenidos al «Palacio». Mira —dijo señalando a Sancho—, parece que al perro sí que le gustan los vecinos.
15 Desgraciadamente, creo que no podemos decir lo mismo de sus dueños…

Sancho movía su cola con
20 alegría mientras olfateaba a un perro pastor muy bonito. En ese momento pensé que Juan y Ana debían estar preocupados, así que cogí la correa del perro y le
25 dije a Pablo que tenía que irme.

—¿No quieres tomar nada?

Dudé un momento y finalmente
30 acepté la invitación. Los chicos me llevaron a una de las caravanas más grandes.

"Come on, boys. Let's have a drink. Are you coming with us, Yuki?"

We passed behind the caravans that I'd seen from my window and I saw that there were even more caravans. 'Mastiff' and Jessica continued arguing when Pablo said, "Welcome to the 'Palace.'"
"Look," he said, pointing to Sancho, "it seems that the dog likes the neighbours. Unfortunately, I don't think we can say the same about their owners…"

Sancho wagged his tail happily as he sniffed a very pretty sheepdog. At that moment I thought that Juan and Ana must be worried, so I took the dog's leash and told Pablo that I had to go.

"Don't you want a drink?"

I hesitated a moment and finally accepted the invitation. The guys took me to one of the bigger trailers.

Dentro había un salón donde un grupo de gitanos jugaba a las cartas mientras bebían latas de cerveza. Me recordó a los
5   *Yakuza* de la tele en Japón.

Una mujer mayor con pelo teñido de negro y que llevaba maquillaje muy colorido nos
10   miró.
—Pablo, Mastín, Jessica, ¿tenéis una nueva amiga?
—Se llama Yuki, abuela. Es de Japón.
15
Les saludé y miré a mi alrededor, la caravana era mucho más grande de lo que parecía desde fuera, ¡tenía hasta
20   un salón!

Alrededor de la mesa donde jugaban a las cartas, había tres sofás, un armario grande en la
25   esquina y en el suelo había macetas con plantas preciosas.

Había ropa de estilo tradicional por todas partes y joyas de
30   cobre en la mesa. Me pregunté si las vendían para ganar dinero.

Inside was a room where a group of gypsies were playing cards while drinking cans of beer. It reminded me of the Yakuza on TV in Japan.

An older woman with dyed black hair and wearing very colourful makeup looked at us.

"Pablo, Mastiff, Jessica, do you have a new friend?"
"Her name is Yuki, Grandma. She's from Japan."

I said hello to them and looked around me. The caravan was much bigger than it seemed from the outside, it even had a living room!

Around the table where they played cards, there were three sofas, a large cupboard in the corner, and on the floor there were plant pots with lovely plants.
There were traditional style clothes everywhere and copper jewellery on the table. I wondered if they were selling them to make money.

Jessica, la chica del vestido
rojo y negro, me dió una Fanta
y la abuela del Velilla me
invitó a sentarme en la mesa
5   mientras los otros seguían
jugando a las cartas. Bebí mi
Fanta a sorbos.

—Soy Esmeralda. ¿Te gusta
10 España, Yuki? —me preguntó
con una voz áspera.

—Sí, me encanta. Los chicos
estaban bailando, cantando y
15 tocando la guitarra en el
bosque. Nunca he visto un
espectáculo igual.

—El padre es bailaor… Era
20 bailaor, quiero decir… ¿Y
dónde te alojas?

Expliqué que me alojaba en
Casa Juancho con Juan y Ana.
25 Algunos de los hombres que
jugaban a las cartas me miraron
con sospecha al oír el nombre
del restaurante, pero Esmeralda
les devolvió la misma mirada.

30

—Desgraciadamente, no nos
llevamos bien con tu familia de
acogida. Nuestra relación no

Jessica, the girl in the red and
black dress, gave me a Fanta
and Velilla's grandmother
invited me to sit at the table
while the others continued
playing cards. I sipped my
Fanta.

"I'm Esmeralda. You like
Spain, Yuki?" she asked in a
rough voice.

"Yes, I love it. The boys were
dancing, singing and playing
the guitar in the forest. I have
never seen a show like it."

"The father is a flamenco
dancer… He was a flamenco
dancer, I mean… And where
are you staying?"
I explained that I was staying at
Casa Juancho with Juan and
Ana. Some of the men playing
cards looked at me suspiciously
upon hearing the name of the
restaurant, but Esmeralda
looked back at them.

"Unfortunately, we don't get
along well with your host
family. Our relationship is not

está en su mejor momento. Nos cortaron el agua, pero no es asunto tuyo, Yuki, no te preocupes.

5

—Nos trataron como animales —gritó uno de los que jugaba a las cartas—. ¡No tenemos agua ni para ir al baño!

10

—¡Cállate, primo! —dijo Esmeralda enojada levantando una mano.

15 La mención de Casa Juancho cambió el ambiente drásticamente y me sentí muy incómoda.

20 Terminé mi bebida rápidamente, le di las gracias a la familia de Pablo, y me fui.

in the best place right now. They cut off our water, but that's none of your business, Yuki, don't worry."

"They treated us like animals," shouted one of the card players. "We don't even have water to go to the toilet!"

"Shut up, cousin!" Esmeralda said angrily, raising a hand.

The mention of Casa Juancho had changed the atmosphere drastically and I felt very uncomfortable.

I quickly finished my drink, thanked Pablo's family, and left.

CHAPTER 5

Dos mil "me gusta"

Argés, Castilla la Mancha

@lajaponesadenegro
#japonesaenespaña #aprenderespañolesguay #japonesadelfuturo

Qué tarde más divertida he pasado. Andando por el bosque vi a un chico bailando con sus amigos. ¡Qué talento tiene este chico! ¡Así es como se baila flamenco!

Cuando volví a Casa Juancho, Ana y Juan estaban en el patio y, al verme, parecieron aliviados.

5

El perro se fue a tumbarse a su sitio favorito, debajo de la mesa.
—¿Adónde has ido, hija?
10 Estábamos preocupados —me dijo Juan mirándome con los ojos como platos.

Les dije que el perro salió
15 corriendo detrás de un gato en el bosque y que conocí a un grupo de chicos en el campamento.

20 —¿Un grupo de chicos? ¿Qué chicos? —preguntó Juan, frotando las orejas del perro.
—Eran muy simpáticos — contesté—. Me invitaron a
25 tomar una Fanta. Viven en esas caravanas al otro lado de la calle —dije, señalando con el dedo—. Son vuestros vecinos.

30 —¡Oh, por Dios! ¡Has pasado la tarde con los gitanos! No me lo puedo creer… —Juan dijo sin aliento.

When I returned to Casa Juancho, Ana and Juan were on the patio and, seeing me, they seemed relieved.

The dog went to lie down in his favourite place, under the table.

"Where did you get to, sweetie? We were worried," Juan said to me, looking at me with wide eyes.

I told them that the dog ran after a cat in the woods and that I met a group of guys at the camp.

"A group of boys? What boys?" Juan asked, rubbing the dog's ears.
"They were very nice," I replied. "They invited me to have a Fanta. They live in those trailers across the street," I said, pointing a finger. "They are your neighbours."

"Oh, my goodness! You spent the afternoon with the gypsies! I can't believe it…" Juan said breathlessly.

Estaba confundida; Pablo y sus primos eran muy amables, y Pablo trabajaba en el restaurante. «¿Por qué Juan
5 estaba tan preocupado?».

—Pero ¿estás bien, hija? —me preguntó Ana tomando mi cara entre sus manos—. ¿No pasaste
10 miedo?
—¿Miedo? —repetí confundida—. No, no pasé nada de miedo. Tocaron música, cantaron, bailaron…
15 ¿Por qué iba a tener miedo?

Juan miró a Ana, pero ninguno de los dos me respondió.

20 Al final, Juan dijo: —Bueno, estás bien y eso es lo importante. Madre mía, qué susto… Vale… Tengo que preparar algunas cosas para la
25 cena—. Y con eso, se fue a la cocina.

Ana me miró fijamente a los ojos.
30
—No te preocupes, hija. Mi marido es un teatrero — Entonces sonrió—. Siéntate un

I was confused; Pablo and his cousins were very nice, and Pablo worked in the restaurant. *Why was Juan so worried?*

"But are you okay, dear?" Ana asked, holding my face in her hands. "Weren't you scared?"

"Scared?" I repeated, confused. "No, I wasn't scared at all. They played music, they sang, they danced… Why should I be afraid?"

Juan looked at Ana, but neither of them answered me.

In the end, Juan said, "Well, you're fine and that's the important thing. My goodness, what a shock… Okay… I have to prepare some things for dinner." And with that, he went into the kitchen.

Ana looked me straight in the eye.

"Don't worry, sweetie. My husband is a drama queen." Then she smiled. "Sit down for

rato. ¿Tienes hambre?

Ana me dio una naranja y unas galletas, y me subí a mi cuarto.
No podía parar de pensar en Pablo. Ese chico tenía tanto talento que tenía que compartirlo con mis amigos y mis seguidores; así que subí el vídeo a Instagram.

Las emociones del día me habían dejado sin fuerzas y decidí echarme una buena siesta. Antes de tumbarme, miré por la ventana. Afuera, el cielo estaba despejado y el bosque era de un verde exuberante.
Entre los árboles, vi las caravanas coloridas de la familia de Pablo y me pregunté por qué la gente les tenía miedo.

*

Cuando me desperté ya era de noche. Desde mi cuarto escuché ruido afuera. «La hora de cenar es mucho más tarde en España, así que probablemente será la gente en el patio del restaurante comiendo y pasándolo bien», pensé.

a bit. Are you hungry?"

Ana gave me an orange and some cookies, and I went up to my room.
I couldn't stop thinking about Pablo. That boy had so much talent that I had to share it with my friends and my followers; so, I uploaded the video to instagram.
The emotions of the day had left me feeling worn out and I decided to take a good nap. Before lying down, I looked out the window. Outside, the sky was clear and the forest was lush green.

Through the trees, I saw Pablo's family's colourful caravans and wondered why people were afraid of them.

*

When I woke up it was already nighttime. From my room I heard noises outside. *Dinner time is much later in Spain, so it will probably be the people on the patio of the restaurant eating and having a good time,* I thought.

Miré por la ventana y vi una luz extraña en el bosque.

I looked out the window and saw a strange light in the forest.

Parpadeé un par de veces y me di cuenta de que era una hoguera. Oí voces cantando y pensé en el baile de Pablo: «¿Estará bailando para su familia?».

I blinked a few times and realised it was a bonfire. I heard voices singing and I thought about Pablo dancing: *Is he dancing for his family?*

Fui al cuarto de baño y me lavé la cara con agua para espabilarme. Había sido un día largo y estaba cansada, pero tenía ganas de ver el restaurante en su máximo esplendor. En el pasillo no se oía mucho ruido. Bajé por las escaleras hasta el comedor.

I went to the bathroom and washed my face with water to wake me up. It had been a long day and I was tired, but I wanted to see the restaurant at its best. There was not much noise in the corridor. I went down the stairs to the dining room.

No había ni un alma.

There wasn't a soul.

«Deben estar todos en el patio», decidí, pero cuando salí por la puerta, vi que solamente había una persona afuera: el abuelo.

They must all be on the patio, I decided, but when I went out the door, I saw that there was only one person outside: the old man.

Don Ernesto estaba comiendo un plato de huevos con jamón y patatas fritas. Levantó la cabeza y me saludó.

Don Ernesto was eating a plate of eggs with ham and chips. He raised his head and greeted me.

—Buenas tardes, hija. ¿Oye coméis cerdo en China? ¡No te pierdas la oportunidad de probar el jamón!	"Afternoon, my dear. Hey, you eat pork in China? Do not miss the opportunity to try the ham!"
Sonreí, pero estaba confundida. «¿Dónde estaban los clientes?». Casa Juancho era un sitio precioso, con una vista magnífica de Toledo y comida deliciosa.	I smiled, but I was confused. *Where were all the customers?* Casa Juancho was a beautiful place, with a magnificent view of Toledo and delicious food.
—Hola, Yuki —dijo Ana detrás de mí. Llevaba un vaso de agua y una botella de cerveza en una bandeja—, te has echado una buena siesta, ¿no?	"Hello, Yuki," Ana said from behind me. She was carrying a glass of water and a bottle of beer on a tray. "You had a good nap, didn't you?"
Puso la cerveza en la mesa del abuelo y me miró.	She put the beer on the old man's table and looked at me.
—¿Te apetece cenar? Juan tiene unos filetes buenísimos…	"Would you like dinner?" Juan has some really good steaks…
—¿Filetes? Mmm… Esto… Ana, ¿dónde están los clientes? Ana puso el vaso de agua delante de mí y miró a su alrededor cómo si no se hubiera dado cuenta de que no había nadie salvo el abuelo.	"Steaks? Hmm... About that... Ana, where are the customers?" Ana put the glass of water in front of me and looked around as if she hadn't realised there was no one there except the grandpa.

—Es que… —empezó a
decir—. Es que…estos son
tiempos un poco difíciles para
nosotros…

5

El abuelo tosió con fuerza y
bebió un sorbo de su cerveza.
—Es por culpa de los gitanos,
hija. Son cómo un cáncer.
10 Ladrones y matones. ¿Oyes el
jaleo que montan con su
música?
—Papá no puedes decir esas
cosas —dijo Ana, empezando a
15 perder la paciencia—. No es
así, y la situación es
complicada…

—No es nada complicada, hija.
20 Cuando yo era más jovén este
restaurante tenía las mejores
vistas de Toledo y ahora
tenemos vistas a un vertedero.
Además, ¡esos animales me
25 robaron! ¡¿Sabes que mataron a
mi perro?!

—¡Basta, papá! Basta… —
respondió Ana con voz
30 brusca—. Sabemos lo que te
pasó, pero no queremos asustar
a Yuki. Y el restaurante va a
estar bien. Todo va a ir bien.

"It's just…" he began to say.
"It's just... these are rather
difficult times for us…"

The old man coughed hard and
took a sip of his beer.
"It's because of the gypsies,
dear. They are like a cancer.
Thieves and thugs. Do you hear
the racket they make with their
music?"
"Dad, you can't say those
things," Ana said starting to
lose her patience. "It's not like
that, and the situation is
complicated…"

"It's not complicated at all, my
love. When I was younger this
restaurant had the best views in
Toledo and now we have views
of a landfill site. Also, those
animals stole from me! Do you
know they killed my dog?!"

"Enough, Dad! Enough…"
replied Ana in a sharp voice.
"We know what happened to
you, but we don't want to scare
Yuki. And the restaurant will
be fine. It will all be ok."

—Vale, hija, vale. ¿Qué sé yo
de todas formas? Soy un
anciano solitario…

5   Ana suspiró y se fue a la
cocina. Me senté en una mesa
en el patio pensando en lo que
acababa de decir don Ernesto.
Lo miré con curiosidad.

10

«¿Los gitanos mataron a su
perro? ¿Cómo puede ser?».

Oía ruidos en la distancia:
15 música y voces. No quería
hablar más con don Ernesto.
Seguro que se iba a quejar más,
así que saqué mi teléfono.
Tenía varias notificaciones
20 de Instagram.

«¿Qué estaba pasando?».

Según la primera notificación,
25 el vídeo que subí de Pablo tenía
doscientos «me gusta». «Qué
curioso», pensé.

Abrí la aplicación para ver los
30 comentarios y lo que vi me
sorprendió: cinco mil personas
lo habían visto y tenía dos mil
«me gusta»…

"Okay, dear, okay. What do I
know anyway? I am a lonely
old man…"

Ana sighed and went into the
kitchen. I sat at a table on the
patio thinking about what Don
Ernesto had just said. I looked
at him curiously.

*Did the gypsies kill your dog?
How was that possible?*

I heard noises in the distance:
music and voices. I didn't want
to talk to Don Ernesto
anymore. I'm sure he was going
to complain more, so I took out
my phone. I had multiple IG
notifications.

What was going on?

According to the first
notification, the video I
uploaded of Pablo had two
hundred likes. *Interesting,* I
thought.
I opened the app to see the
comments and what I saw
surprised me: five thousand
people had seen it and it had
two thousand 'likes'…

El vídeo se estaba volviendo
viral. Me sentí emocionada. Era
la primera vez que tantas
personas interactuaban con mi
5 historia. Y Pablo… el Velilla…
¡Era famoso!

Ana volvió con mi filete y otro
vaso de agua. Quería
10 contárselo, pero sabía que Juan
y Ana no se llevaban bien con
los gitanos y no quería
molestarlos.

15 De todas formas, estaba
cansada y tenía *jetlag*, y
probablemente no estaba
pensando con claridad.
Terminé la cena y me metí en
20 la cama con el Velilla bailando
en mi cabeza.

The video was going viral. I
felt thrilled. It was the first time
that so many people interacted
with my story. And Pablo…
Velilla… He was famous!

Ana came back with my steak
and another glass of water. I
wanted to tell her, but I knew
that Juan and Ana didn't get
along with gypsies and didn't
want to bother them.

Anyway, I was tired and
jetlagged, and probably wasn't
thinking straight.
I finished dinner and went back
to bed with Velilla dancing in
my head.

CHAPTER 6

Tengo que hablar con Pablo

Argés, Castilla la Mancha

@lajaponesadenegro
#japonesaenespaña #aprenderespañolesguay #japonesadelfuturo

Gracias por haber visto el vídeo de mi amigo Pablo. Podría pasar el día entero viéndole bailar. Creo que debería hacer un espectáculo flamenco, ¿no?

Cuando me desperté, llovía a
cántaros. Mientras escuchaba la
lluvia, pensé en Pablo bailando
al ritmo de la guitarra
5 flamenca.

Me levanté y miré por la
ventana. El cielo gris cubría la
ciudad de Toledo. En el
10 campamento de los gitanos
algunos niños estaban jugando
con cubos. «Debe ser duro vivir
así», pensé.

15 Juan estaba en la cocina
preparando comida y Ana
estaba moviendo mesas y sillas
para barrer el suelo. Ni rastro
de Pablo.
20
Ana había movido las mesas
hacia un rincón, incluyendo las
que estaban en la parte elevada
del comedor, la parte que
25 parecía un escenario. En ese
instante, se me ocurrió algo,
una idea un poco atrevida…

—¿Qué te apetece desayunar,
30 Yuki? —me preguntó Ana,
escoba en mano.

When I woke up, it was raining
cats and dogs. As I listened to
the rain, I thought of Pablo
dancing to the rhythm of the
flamenco guitar.

I got up and looked out the
window. The grey sky covered
the city of Toledo. In the gypsy
camp some children were
playing with buckets.
It must be hard living like that,
I thought.

Juan was in the kitchen
preparing food and Ana was
moving tables and chairs to
sweep the floor. No sign of
Pablo.

Ana had moved the tables to a
corner, including the ones in
the upper part of the dining
room, the part that looked like a
stage. At that moment,
something occurred to me, a
somewhat daring idea...

"What do you want for
breakfast, Yuki?" Ana asked
me, broom in hand.

Ignorando su pregunta, me levanté y me dirigí hacia el escenario. Ana me miró con interés, pero no dijo nada.

5 Subí al escenario y miré hacia el comedor.

«¿Por qué no se me ocurrió antes? El restaurante es tan
10 bonito, las vistas tan impresionantes y la comida tan rica; la única cosa que le falta es el ambiente. Música. Le falta música».
15

Cinco minutos más tarde, vino Juan.

—Yuki dice que deberíamos
20 hacer un concierto aquí —dijo Ana.

—¿Dónde? —contestó, con la palabra confusión escrita en su
25 cara.

—Aquí. En el comedor — contestó Ana—. ¡En el escenario, tonto!
30
—Pero no tenemos escenario.

Ignoring her question, I got up and headed towards the stage. Ana looked at me with interest but said nothing.
I walked up to the stage and looked into the dining room.

Why didn't I think of it before? The restaurant is so beautiful, the views so impressive and the food so delicious; the only thing missing is the atmosphere. Music. It lacks music.

Five minutes later, Juan came.

"Yuki says we should have a concert here," Ana said.

"Where?" he asked, confusion written on his face.

"Here. In the dining room," Ana answered. "On the stage, silly!"

"But we don't have a stage."

—Luego Juan me miró y me
vio subida en el escenario y su
cara comenzó a cambiar, como
si se estuviera dando cuenta de
5   lo que decía su mujer—. Pero…
no tenemos músicos…

—Seguro que hay bandas que
pueden venir aquí, —le dije sin
10 poder esconder el entusiasmo
en mi voz.

Se acercó a mí y me miró a los
ojos.
15

—Hija, no tenemos dinero para
pagar el alquiler. ¿Cómo vamos
a pagar un grupo de músicos?

20 —Tengo una idea, pero antes
tienes que prestarme un
paraguas…

*

Cuando llegué al campamento
25 llovía aún más fuerte que antes.
Vi al grupo de niños jugando
entre las caravanas y me di
cuenta de que estaban
recogiendo agua con los cubos.
30

Me acordé de que el
campamento no tenía agua.

Then Juan looked at me and
saw me up on the stage and his
face began to change, as if he
were realising what his wife
was saying. "But… we don't
have musicians…"

"I'm sure there are bands that
can come here," I told him,
unable to hide the excitement in
my voice.

He came closer to me and
looked me in the eyes.

"Sweetie, we have no money to
pay the rent. How are we going
to pay a group of musicians?"

"I have an idea, but first you
have to lend me an umbrella…"

*

When I got to the camp it was
raining even harder than before.
I saw the group of children
playing among the caravans
and realised that they were
collecting water with their
buckets.
I remembered that the camp
had no water.

A pesar del paraguas, estaba empapada hasta los huesos. Por primera vez en España, tuve frío.

5

Mastín, el chico musculoso, salía de su caravana con cara de sueño.

10 —¿Qué pasa, prima? —me preguntó, frotándose los ojos—. ¿Has venido a vernos otra vez?

—¿Puedo entrar? —le
15 pregunté, señalando al cielo.

Adentro, la caravana estaba muy desordenada y olía a sudor y a pies. Había un sofá al lado
20 de la ventana que, por lo visto, cumplía la doble función de sofá y de cama para Mastín. Movió la sábana que estaba encima y tiró unas latas vacías
25 en el cubo de basura que ya estaba lleno a rebosar.

—Tengo que hablar con Pablo… ¿Está aquí?

30

—¿Por qué? ¿Qué pasa? Me ofreció una Coca-Cola, pero yo solo quería hablar con Pablo.

Despite the umbrella, I was soaked to the bone. For the first time in Spain, I was cold.

Mastiff, the muscular boy, came out of his caravan with a sleepy face.

"What's up, cousin?" he asked me, rubbing his eyes. "Have you come to see us again?"

"Can I come in?" I asked, pointing to the sky.

Inside, the trailer was very messy and smelled of sweat and feet. There was a sofa by the window that apparently doubled up as a bed for Mastiff.

He moved the sheet that was on it and threw some empty cans in the bin that was already full to overflowing.

"I have to talk to Pablo… Is he here?"

"Why? What's going on?" He offered me a Coca-Cola, but I just wanted to talk to Pablo.

—No está aquí. Salió a
comprar agua. ¿Puedes decirme
lo que pasa?

"He's not here. He went out to
buy water. Can you tell me
what's up?"

5 Lo miré pensativamente. No
sabía si debía hablar con él…
Mi plan le incluía a él también,
pero yo tenía la impresión de
que no le iba a gustar.
10

I looked at him thoughtfully. I
didn't know if I should talk to
him… My plan included him
too, but I had a feeling he
wasn't going to like it.

—¿Cuándo va a volver Pablo?
Es que he tenido una idea y
quiero saber su opinión.

"When is Pablo coming back?
It's just that I had an idea and I
want to know his opinion."

15 Mastín me miró entrecerrando
los ojos. Tenía la impresión de
que Mastín sabía lo que yo
estaba pensando, como si
tuviera un sexto sentido.
20

Mastiff narrowed his eyes at
me. I got the impression that
Mastiff knew what I was
thinking, as if he had a sixth
sense.

—Mira, no sé cuándo volverá,
tía, pero yo soy su primo.
Puedes contarme lo que quieras
y yo se lo cuento a Pablo. ¿Qué
25 es? Puedes confiar en mí.

"Hey look, I don't know when
he'll be back, lady, but I'm his
cousin. You can tell me
anything you like and I'll tell
Pablo. What is it? You can trust
me."

A lo mejor tenía razón. Pablo y
Mastín eran primos y amigos.
Era importante que Mastín
30 también estuviera de acuerdo.

Maybe he was right. Pablo and
Mastiff were cousins and
friends. It was important that
Mastiff also agreed.

—Es el vídeo de Pablo
bailando —le dije—.

"It's the video of Pablo
dancing," I told him.

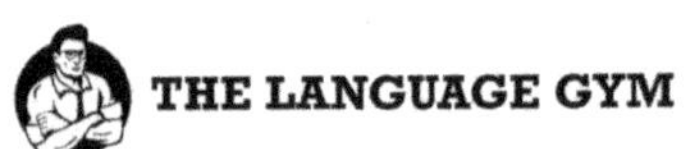

El Velilla está siendo muy
popular en las redes sociales.
Tiene talento, ¿sabes?

5 —Claro que lo sabemos, Yuki.
Mi primo es un bailaor
fantástico, lo lleva en la sangre.
Su papá también era bailaor,
con el grupo de Camarón de la
10 Isla, ¿sabes? ¿Imagino que
quieres casarte con él por eso?

Me reí sin querer y Mastín me
sonrió.
15
—No, no quiero casarme con
él. Quiero que haga un
espectáculo. Para compartir su
talento con la gente.
20
Mastín se quedó callado
durante un buen rato, su cara
cuadrada perdida en sus
pensamientos. Al final bebió un
25 trago de Coca-Cola y me dijo:
—¿Y cuánto ganaremos?

No había pensado en eso…

30 —No estoy segura. Creo que
mucha gente va a querer venir
al restaurante para verlo.
Seguro que Juan y Ana pagarán

"Velilla is very popular on
social media. He's talented,
you know that?"

"Of course we know, Yuki. My
cousin is a fantastic dancer, it's
in his blood. His father was
also a dancer, with Camarón de
la Isla's band, you know? I take
it you want to marry him for
that?"

I laughed involuntarily and
Mastiff smiled at me.

"No, I don't want to marry him,
I want him to put on a show. To
share his talent with other
people."

Mastiff was silent for a long
moment, his square face lost in
thought. In the end he took a
sip of Coca-Cola and said to
me: "And how much will we
earn?"

I'd not thought about that…

"I am not sure. I think a lot of
people are going to want to
come to the restaurant to see it.
Surely Juan and Ana will pay

algo. Pero lo importante es que
la gente vea su talento…

   —Espera —me interrumpió
5 Mastín—, ¿qué restaurante?
¿Dónde dices que quieres hacer
el espectáculo?

Se me había olvidado
10 mencionarlo. Señalé con el
dedo por la ventana.

   —¡Casa Juancho! Tienen un
escenario que es perfecto para
15 hacer un concierto de flamenco.
¡Sería un gran espectáculo!

   —¿Casa Juancho? ¿Estás loca?
—me hablaba con intensidad,
20 pero yo no tenía miedo—. Esos
malnacidos nos han cortado el
agua. ¡Nos tratan como
animales! ¿Y tú quieres que
Pablo haga un espectáculo en
25 su restaurante? Y sin ganar
dinero. ¡Ni hablar!

something. But the important
thing is that people see his
talent…"
"Wait," Mastiff interrupted,
"what restaurant? Where are
you saying you want to do the
show?"

I had forgotten to mention it. I
pointed my finger out the
window.

"Casa Juancho! They have a
stage that is perfect for a
flamenco concert. It would be a
great show!"

"Casa Juancho? Are you
crazy?" He spoke with
intensity, but I wasn't afraid.
"Those swines have cut off our
water. They treat us like
animals! And you want Pablo
to put on a show in their
restaurant? And without
earning a dime. No way!"

CHAPTER 7

Vamos a mudarnos

Argés, Castilla la Mancha

@lajaponesadenegro
#japonesaenespaña #aprenderespañolesguay #japonesadelfuturo

No entiendo nada. Parece que Juan y Ana han cortado el agua del campamento. ¿Por qué harían eso? No me lo puedo explicar…

THE LANGUAGE GYM

Volví al restaurante decepcionada y me senté en el patio. Pensé que mi idea del espectáculo sería interesante para todos, pero claramente me equivoqué.

Ana salió del restaurante con un café. Parecía cansada.

—¿Qué te pasa, cielo? —me preguntó.

—Nada —contesté. No quería contárselo todo a Ana, y estaba frustrada porque Juan y ella habían cortado el agua del campamento.

Se sentó a mi lado y puso su mano encima de la mía.
—Cielo, ¿echas de menos a tu familia? ¿Es por eso que estás triste?

La miré y sacudí la cabeza.

—Quería ayudaros. Pensé que mi idea atraería más clientes al restaurante. Pero es una idea absurda. Debe ser que soy tonta.

I went back to the restaurant crestfallen and sat on the patio. I thought that my idea of the show would be interesting for everyone, but clearly I was wrong.

Ana came out of the restaurant with a coffee. She seemed tired.

"What's wrong, honey?" She asked me.

"Nothing," I replied. I didn't want to tell Ana everything, and I was frustrated that she and Juan had turned off the water in the camp.

She sat next to me and put her hand on top of mine.
"Honey, do you miss your family? Is that why you're sad?"

I looked at her and shook my head.
"I wanted to help you. I thought my idea would attract more customers to the restaurant. But it is an absurd idea. I must be stupid."

—No digas eso, hija. Gracias por intentar ayudar, eres un sol. Juan y yo vamos a arreglar nuestra situación solos, es
5 nuestra responsabilidad. Tú no te preocupes.

Subí a mi habitación y saqué el teléfono. No tenía ningún
10 mensaje, pero sí un montón de notificaciones; así que me metí en Instagram.

Mucha gente estaba hablando
15 del vídeo de Pablo bailando. Deslicé el dedo por la pantalla hasta llegar al vídeo original de Pablo. Me quedé sin aliento al leer los comentarios.
20 Decían:
«¡Yo pagaría para ver a ese chico en concierto!», «¿Dónde es el espectáculo y cómo puedo comprar entradas?», «¡Este
25 chico es un fenómeno!».

El vídeo tenía más de diez mil «me gusta» y alrededor de cien mil visitas. ¡Cien mil! El
30 Velilla se había hecho viral. En ese momento, me sentí emocionada, pero rápidamente me di cuenta de que Pablo vivía

"Don't say that, sweetie. Thanks for trying to help, you are an angel. Juan and I are going to sort out our situation ourselves, it is our responsibility. Don't you worry."

I went up to my room and pulled out the phone. I didn't have any messages, but I did have a bunch of notifications; so I jumped on Instagram.

Lots of people were talking about the video of Pablo dancing. I slid my finger across the screen until I reached Pablo's original video. I gasped as I read the comments.
They said:
"I would pay to see that guy in concert!", "Where is the show and how can I buy tickets?", "This guy is a phenomenon!".

The video had over 10,000 'likes' and over 100,000 views. One hundred thousand! Velilla had gone viral.
At that moment, I felt so emotional, but I quickly realised that Pablo lived

en una caravana en un
campamento gitano, sus primos
no querían que hiciera un
espectáculo y, de todas formas,
5 Juan y Ana no querían tener
nada que ver con los gitanos. Y
por supuesto, el detalle más
importante: Juan y Ana les
habían cortado el agua…
10

Miré por la ventana otra vez.
La lluvía había parado y el
cielo se estaba empezando a
abrir. Un arco iris se había
15 formado encima de la ciudad.

En el patio pude ver una figura
alta y delgada acercándose al
restaurante. En ese momento, la
20 figura levantó la cabeza y miró
hacia mi ventana. ¡Pablo!
Bajé las escaleras a saltos para
encontrarme con él. Quería
contarle que su vídeo se había
25 hecho viral y enseñarle los
comentarios.

Cuando llegué a la puerta vi
que Juan ya estaba hablando
30 con Pablo.
«¿Qué decían?». Me pregunté
nerviosa si estarían discutiendo.

in a caravan in a gypsy camp,
his cousins didn't want him to
put on a show, and Juan and
Ana didn't want anything to do
with the gypsies anyway. And
of course, the most important
detail: Juan and Ana had cut off
their water…

I looked out the window again.
The rain had stopped and the
sky was beginning to open up.
A rainbow had formed above
the city.

 In the courtyard I could see a
tall, thin figure approaching the
restaurant. At that moment, the
figure raised his head and
looked up at my window.
Pablo!
I flew down the stairs to meet
him. I wanted to tell him that
his video had gone viral and
show him the comments.

When I got to the door, I saw
that Juan was already talking to
Pablo.
What were they saying?
I wondered nervously if they
were arguing.

Juan se giró hacia mí.
—Veo que ya tienes amigos en
el pueblo…
—Sí, sí. Le conocí ayer… aquí
5 en el restaurante y luego…

—Te vi saliendo del
campamento esta mañana,
Yuki. —me dijo Pablo—.
10 Mastín no quería decirme por
qué habías venido. ¿Tienes algo
que decirme?

—Tengo que volver a la
15 cocina. ¿A qué hora trabajas
hoy, Pablo? —preguntó Juan.
—A las cinco, jefe, pero tengo
que hablar contigo…
—Luego hablamos, hijo. Ahora
20 os dejo en paz —dijo Juan
volviendo a la cocina.

Sola con Pablo, no sabía qué
decir. Evidentemente, Mastín
25 no quería que Pablo hiciera un
concierto aquí, y Juan y Ana
tampoco… Lo miré.

Pablo era un chico guapo: alto,
30 delgado y delicado, pero con
brazos fuertes y piernas
musculosas.

Juan turned to me. "I see you
already have friends in the
village…"
"Yes, yes. I met him
yesterday… here in the
restaurant and then…"
"I saw you leaving camp this
morning, Yuki," Pablo said to
me. "Mastiff didn't want to tell
me why you came. Do you
have something to tell me?"

"I have to go back to the
kitchen. What time are you
working today, Pablo?" asked
Juan. "At five, boss, but I have
to talk to you…"
"We'll talk later, son. Now I'll
leave you alone," said Juan,
returning to the kitchen.

Alone with Pablo, I didn't know
what to say. Obviously, Mastiff
didn't want Pablo to do a
concert here, and neither did
Juan and Ana… I looked at
him.
Pablo was a handsome boy:
tall, slim, and graceful, but with
strong arms and muscular legs.

Pensé en el vídeo, en cómo se movía este chico, la energía, la gracia que tenía. Me gustaría mucho verlo bailar otra vez.

5

—Solo quería verte… para darte las gracias. Me lo pasé bien ayer en el bosque… Bailas muy bien.

10

Pablo se sonrojó y miró el suelo.

—¿Tú crees? Yo no lo creo… Mi padre bailaba fenomenal. Era una estrella… A mí me gusta bailar, pero no soy nada especial…

—Tienes el mismo talento que tu padre…

—Papá tenía talento, pero también tenía demonios y… Y ahora está muerto —Pablo miró el suelo.

—Lo siento mucho, Pablo… por tu papá. Pero tú también eres muy especial… Mira… Saqué mi teléfono para enseñarle el vídeo.

I thought about the video, how this boy moved, the energy, the grace he had. I would very much like to see him dance again.
"I just wanted to see you… to say thank you. I had a good time yesterday in the forest… You dance really well."

Pablo blushed and looked at the ground.

"You think? I don't think so… My dad danced phenomenally. He was a star… I like to dance, but I'm nothing special…"

"You have the same talent as your father…"

"Dad had talent, but he also had demons and... And now he's dead." Pablo looked at the ground.

"I'm really sorry, Pablo… for your dad. But you are also very special… Look…"
I took out my phone to show him the video.

Lo miró con mucho interés, con sus ojos como platos.

He looked at it with interest, his eyes as big as saucers.

—Soy yo… ¿Hiciste un vídeo mientras bailaba?

"It's me… Did you make a video while I was dancing?"

—Sí, y ahora el Velilla tiene más de diez mil «me gusta» y cien mil visitas. Es increíble. Eres increíble.

"Yes, and now Velilla has more than 10,000 'likes' and 100,000 views. It's incredible. You are amazing."

—¡¿Diez mil?! ¡No puede ser! —Pablo miró hacia atrás cómo si alguien le estuviera llamando—. Gracias, Yuki… Muchas gracias. Pero ahora tengo que irme. Mi abuela dice que tenemos que mudarnos. Sin agua no podemos quedarnos aquí. No podemos seguir comprando botellas y recogiendo cubos de agua cada vez que llueve. Nos vamos a otro pueblo.

"One hundred thousand?! That can't be right!" Pablo looked behind him as if someone were calling him. "Thank you, Yuki… Thank you very much. But now I have to go. Grandma says we have to move home. Without water we can't stay here. We can't keep buying bottles and collecting buckets of water every time it rains. We are going to another town."

Esperé un momento. Quería decir algo, pero no me salían las palabras. Yo no quería que se fuera; había una energía entre nosotros que no se podía explicar.

I waited a moment. I wanted to say something, but the words wouldn't come out. I didn't want him to go; there was an energy between us that couldn't be explained.

Parecía como si Pablo también
quisiera decir algo, pero
después de un largo silencio, se
fue sin más.

5

Entré en el restaurante y Ana
estaba poniendo las mesas al
lado de la ventana.
—Veo que has conocido a
10 Pablo. Es un buen chico… pero
su familia… Pues…

Me reí nerviosamente.

15 —Pablo es mi amigo. Ya sé
que trabaja aquí en la cocina,
pero… ¿sabías que también es
bailaor?

20 —¿Nuestro Pablo es el que he
visto en tu Instagram?
¡¿Pablo?! ¡Baila fenomenal!
Creo que la gente pagaría un
dineral por verlo…
25

—¿De verdad? —pregunté
sorprendida por lo que decía
Ana. —¿Te puedo preguntar
una cosa, Ana?
30 Ana asintió con la cabeza.

—¿Por qué habéis cortado el
agua al campamento?

It seemed as if Pablo also
wanted to say something, but
after a long silence, he just left.

I went into the restaurant and
Ana was setting the tables by
the window.
“I see you've met Pablo. He's a
good boy... but his family...
Well…”

I laughed nervously.

“Pablo is my friend. I know he
works here in the kitchen,
but… did you know he's also a
flamenco dancer?”

“Is our Pablo the one I saw on
your Instagram? Pablo?! He's a
great dancer! I think people
would pay a pretty penny to see
him…”

“Really?” I asked, surprised by
what Ana was saying. “Can I
ask you something, Ana?”

Ana nodded.

“Why did you cut off the water
to the camp?”

—¿Cortado el agua? No hemos cortado nada, cielo. No sabría cómo hacerlo. ¿Por qué dices eso?

5

La miré pensando en lo que me dijo Mastín.

«¿Ana me está mintiendo? No
10 puede ser… ¿Y Mastín? ¿Se habría equivocado?».

—Si lo organizo, ¿podemos hacer un concierto de flamenco
15 aquí? ¡Pablo se hizo viral en Instagram! Estoy segura de que los clientes vendrían aquí para verlo bailar.

20 —Pues… —Ana miró por la ventana donde su padre estaba sentado fumando—. Creo que es una idea muy buena, pero… no lo sé, cielo…
25

El teléfono sonó y Ana lo cogió.

—¿Cómo dice? —dijo a la
30 persona al otro lado—. Se equivoca de número. Adiós, señor. —Me miró y dijo—. Es

"Cut off the water? We haven't cut off anything, honey. I wouldn't know how to do it. Why do you say that?"

I looked at her thinking about what Mastiff told me.

Was Ana lying to me? It can't be true… And Mastiff? Was he mistaken?

"If I organise it, can we do a flamenco show here? Pablo went viral on Instagram! I'm sure customers would come here to see him dance."

"Well…" Ana looked out the window where her father was sitting smoking. "I think it's a really good idea, but… I don't know, honey…"

The phone rang and Ana picked it up.

"What's that?" he said to the person on the other end. "You've got the wrong number. Goodbye, sir." She looked at

complicado, cielo. Y ahora,
tengo que trabajar.

Convencer a Ana y a Juan no
5 iba a ser tarea fácil… Iba a
tener que hacer algo más
directo…

me and said, "It's complicated,
honey. And now, I have to
work."
Convincing Ana and Juan was
not going to be an easy task... I
was going to have to do
something more direct…

CHAPTER 8

Mataron a mi perro

Argés, Castilla la Mancha

@lajaponesadenegro
#japonesaenespaña #aprenderespañolesguay #japonesadelfuturo

A una familia le falta música y a la otra le falta agua. ¿Por qué no se ayudan entre ellos? Los españoles están locos; ese es el por qué...

THE LANGUAGE GYM

Las luces de Toledo se veían
preciosas desde el patio esa
noche. Un grupo de turistas
llegó al restaurante y Ana les
5 sirvió con mucho entusiasmo.

A pesar de esto y contando con
don Ernesto y conmigo, éramos
diez clientes en total… Más
10 que ayer, sí, pero aún así no los
suficientes para cubrir los
gastos del restaurante.

Al otro lado de la calle, los
15 gitanos estaban armando tanto
jaleo como los días anteriores,
pero a mí no me molestaba
nada. Entré en el restaurante.

20 Ana limpiaba la mesa donde se
habían sentado los turistas y me
dirigí a la cocina donde Juan
estaba guardando las sobras y
Pablo estaba fregando los
25 platos.

—¿Puedo hablar con Pablo, por
favor?

30 Juan miró a Pablo y dudó un
momento.

The lights of Toledo looked
beautiful from the patio that
night. A group of tourists
arrived at the restaurant and
Ana served them
enthusiastically.
Despite this and, including Don
Ernesto and me, we were ten
customers in total... More than
yesterday, yes, but still not
enough to cover the restaurant's
expenses.

Across the street, the gypsies
were making as much noise as
on the previous days, but I
didn't mind at all. I went into
the restaurant.

Ana was cleaning the table
where the tourists were sitting,
and I went to the kitchen where
Juan was putting away the
leftovers and Pablo was doing
the dishes.

"Can I talk to Pablo, please?"

Juan looked at Pablo and
hesitated for a moment.

—Vale Pablo, pero luego tienes que limpiar el suelo y sacar la basura —dijo finalmente.

5 Pablo me siguió al comedor y me miró preocupado.

—No sé si puedo hacerlo, Yuki. Estoy muy nervioso…
10 —Claro que puedes hacerlo. Tu papá estaría orgulloso de ti. Y, además, es algo que tienes que hacer.

15 Ana nos miró mientras Pablo se subía al escenario.

—¿Qué haces, hijo? ¿Juan te ha dejado salir antes?
20

Pablo no contestó, y yo encendí mi altavoz y subí el volumen al máximo.

25 Ana miró al grupo de turistas, pero ellos seguían hablando. Tras una breve pausa, la música de Camarón de la Isla comenzó a sonar. Pablo cerró los ojos.
30

Uno de los turistas le miraba con interés, pero Pablo no se movió.

"Okay, Pablo, but then you have to clean the floor and take out the trash," he finally said.

Pablo followed me into the dining room and looked at me worried.
"I don't know if I can do it, Yuki. I'm very nervous…"
"Of course you can. Your dad would be proud of you. And besides, it's something you have to do."

Ana looked at us while Pablo got on stage.

"What are you doing, son? Has Juan let you out early?"

Pablo didn't answer, and I turned on my speaker and turned the volume up to maximum.
Ana looked at the group of tourists, but they were still talking. After a brief pause, the music of Camarón de la Isla began to play. Pablo closed his eyes.
One of the tourists was looking at him with interest, but Pablo didn't move.

Tras un rato, el Velilla empezó a mover los pies, luego las piernas, las caderas y finalmente los brazos.

5

Despacito al principio, movimientos prudentes y, poco a poco, con más energía. Juan salió de la cocina al oír la voz

10 poderosa de Camarón.

Empezó a bailar más rápido, con mucho poder, sus ojos todavía cerrados. Giraba, batía

15 palmas y zapateaba con una energía irresistible. Nadie habló mientras el Velilla bailaba, tenía toda nuestra atención y la de los turistas también.

20

La canción duró solamente tres o cuatro minutos, pero fueron suficientes para embrujar a Ana. Los turistas se pusieron de pie y

25 aplaudieron entusiasmados.

—Juan, este chico tiene un talento único. Tenemos que organizar un espectáculo aquí.

30 ¿Te imaginas? ¡Mira a los clientes!

After a while, Velilla began to move his feet, then his legs, his hips, and finally his arms.

Slowly at first, cautious movements and, little by little, with more energy. Juan left the kitchen when he heard the deep singing of Camarón.

He began to dance faster, with a lot of power, his eyes still closed. He span, clapped and stamped his feet with irresistible energy. Nobody spoke while Velilla danced, he had our full attention and that of the tourists as well.

The song lasted only three or four minutes, but it was enough to bewitch Ana. The tourists stood up and applauded enthusiastically.

"Juan, this boy has a unique talent. We have to put on a show here. Can you imagine? Look at the customers!"

Juan no contestó. Estaba
mirando a otro grupo de gente
que se asomaba por la puerta
del restaurante.

5

Al principio, pensé que eran
más turistas que a lo mejor
venían para ver a Pablo, pero
un momento más tarde vi el
10 pelo teñido de Esmeralda y sus
yakuza.

Esmeralda se acercó a Juan y
dijo en voz baja: —Primero
15 cortas el agua y ahora explotas
a mi nieto… ¡¿No te da
vergüenza, payo?!

Juan la miró aturdido. No dijo
20 nada. Los turistas miraban
asombrados.

—¡Nos trata como animales!
Argés es también nuestro hogar
25 y ahora tenemos que irnos por
vuestra culpa —continuó
Esmeralda.

Miré a Juan, esperando a que
30 dijera algo, pero el cocinero se
quedó sin palabras. En ese
momento, oí una tos y el viejo

Juan didn't answer. He was
looking at another group of
people who were leaning into
the door of the restaurant.

At first, I thought it was more
tourists perhaps coming to see
Pablo, but a moment later I saw
Esmeralda's dyed hair and her
yakuza.

Esmeralda approached Juan
and said in a low voice: "First
you cut off the water and now
you exploit my grandson…
Aren't you ashamed, *payo (*non-
gypsy*)*?!"
Juan looked at her in a daze. He
didn't say anything. The tourists
looked on in amazement.

"He treats us like animals!
Argés is also our home and
now we have to leave because
of you," Esmeralda continued.

I looked at Juan, waiting for
him to say something, but the
cook was speechless. At that
moment, I heard a cough and

don Ernesto apareció bajando las escaleras. Entró en el comedor y gritó: —¡Yo corté el agua porque vosotros matásteis a mi perro!	old Don Ernesto appeared coming down the stairs. He went into the dining room and yelled, "I cut off the water because you killed my dog!"

5

Ahora todos nos giramos hacia don Ernesto que señalaba a los gitanos con su bastón.

Now we all turned to Don Ernesto who was pointing at the gypsies with his cane. "Murderers! You killed Quixote! You killed my dog!" Don Ernesto repeated.

10 —¡Asesinos! ¡Vosotros matásteis a Quijote! ¡Matásteis a mi perro! —repitió don Ernesto.

15 Nadie dijo nada hasta que Ana se acercó al abuelo y dijo: —Ellos no mataron a Quijote. Un coche lo atropelló hace tres meses. Ellos no tienen la

20 culpa.
—Te equivocas, hija. Mataron a mi perro, y de todas formas, montan mucho jaleo todas las noches y… ¡nos están

25 arruinando!

Nobody said anything until Ana approached the old man and said: "They didn't kill Quixote. He was hit by a car three months ago. They are blameless."
"You're mistaken, my love. They killed my dog, and anyway, they make a racket every night and… they are ruining us!"

Los gitanos parecían confundidos y los turistas estaban atónitos.

The gypsies looked confused and the tourists were stunned.

30

Aproveché el momento para hablar y decir: —¿Y por qué no montan el jaleo aquí? Pueden

I took advantage of the moment to speak up and say, "So why don't they make a racket over

organizar un espectáculo los
fines de semana.
Mastín se enfadó: —¡Ni
muerto! —pero uno de los
turistas interrumpió.

—Yo pagaría dinero para ver a
este chico bailar. ¡Es un crack!

Sonó el teléfono otra vez y Ana
lo cogió. Nos miró y dijo: —
¿Una mesa para Renata? ¿El
espectáculo de flamenco?
Pues… vale…

Ana colgó y miró a Juan.

—Es otro cliente que quiere
saber más información sobre el
espectáculo de flamenco. Con
esta llamada, ya van quince
hoy. —Miró a su padre—.
Papá, ve a abrir el agua y luego
hablamos.

here? They can put on a show
on weekends."
Mastiff was getting angry:
"Over my dead body!" But one
of the tourists interrupted.

"I would pay good money to
see this boy dance. He's a
star!"
The phone rang again and Ana
picked it up. She looked at us
and said, "A table for Renata?
The flamenco show? Well…
okay…"

Ana hung up and looked at
Juan.
"It's another customer who
wants to know more about the
flamenco show. With this call,
that makes fifteen today
already." She looked at her
father. "Dad, go turn on the
water and then we'll talk."

CHAPTER 9

El espectáculo

Argés, Castilla la Mancha

@lajaponesadenegro #japonesaenespaña #aprenderespañolesguay
#japonesaenelcampo #conciertoenelbosque

¡Qué emoción! Están organizando un espectáculo de flamenco en Casa Juancho. ¡No os lo perdáis! Tengo muchas ganas de ver al Velilla en el escenario. Sólo espero que todo salga bien y que no haya contratiempos…

La gente empezó a llegar antes de la puesta del sol y a las nueve de la noche no había un asiento libre en el restaurante. No cabía ni un alfiler.	People started arriving before sunset and by nine o'clock there was not a free seat in the restaurant. It was full to bursting.
Había familias enteras: padres charlando con amigos, sus niños jugando en el patio, y los abuelos mirando de cerca el menú.	There were entire families: parents chatting with friends, their children playing on the patio, and their grandparents looking closely at the menu.
En la cocina, Juan trabajaba como un loco con su nuevo asistente, que también vivía en el campamento. Preparaban muchos platos diferentes mientras Ana iba y venía, llevando la deliciosa comida a los hambrientos clientes. Yo también ayudaba, quitando mesas y repartiendo bebidas.	In the kitchen, Juan was working like crazy with his new assistant, who also came from the camp. They prepared all manner of different dishes while Ana came and went, taking the delicious food out to the hungry customers. I helped too, clearing tables and handing out drinks.
En el comedor, el ambiente era el de una animada fiesta, la gente hablaba casi a gritos y la música sonaba. Había mucha gente local, pero también oí acentos extranjeros. Juan había abierto todas las ventanas y desde el patio se oía el mismo jaleo.	In the dining room, the atmosphere was that of a lively party, people were talking, almost shouting, and the music was playing. There were a lot of local people, but I also heard foreign accents. Juan had opened all the windows and from the patio the same racket could be heard.

A las diez de la noche, la gente
que estaba sentada en el patio
se calló de repente y, en ese
momento, me pregunté si tal
5   vez la policía habría venido
para acabar con la fiesta y con
el ruido.

Por la ventana vi que un grupo
10 de chicos acababa de llegar.
Llevaban pantalones negros y
camisas blancas, como si
fueran una banda de mafiosos.

15 Aguanté la respiración hasta
que el grupo se dispersó y una
figura vestida de negro
apareció: el Velilla.

20 Cuando entró en el restaurante,
el Velilla andaba con el pecho
hacia afuera y con la cabeza
bien alta. El grupo de gitanos le
seguía. Mastín, con su guitarra,
25 entre ellos. Todos los clientes
le miraban como si fuera una
estrella de cine. Nadie habló; se
podía oír caer un alfiler.

30 El Velilla subió al escenario;
sus primos también, y sin decir
nada, levantó los brazos.

At ten o'clock at night, the
people sitting on the patio
suddenly fell silent, and at that
moment I wondered if perhaps
the police had come to break up
the party and the noise.

Through the window I saw that
a group of boys had just
arrived. They wore black pants
and white shirts, as if they were
a gang of *mafiosi*.

I held my breath until the group
dispersed and a figure dressed
in black appeared: Velilla.

As he entered the restaurant,
Velilla walked with his chest
out and his head held high. The
group of gypsies followed him.
Mastiff, with his guitar, among
them. All the customers looked
at 'Velilla' like he was a movie
star. Nobody said a word; you
could hear a pin drop.

Velilla took the stage; his
cousins too, and without saying
anything, he raised his arms.

Había una energía increíble en la sala y una expectación que nunca antes había sentido.

There was an incredible energy in the room and an anticipation that I had never felt before.

5　Todos miraban al joven gitano que hacía tan solo una semana estaba bailando encima de un palé en el bosque. Después de una pausa, Mastín abrió el
10　espectáculo tocando las primeras notas en su guitarra.

Everyone was looking at the young gypsy who just a week ago was dancing on a pallet in the woods. After a pause, Mastiff opened the show playing the first notes on his guitar.

Vi que, al fondo del comedor, Juan miraba con expresión de
15　orgullo en su cara.

I saw that, at the back of the dining room, Juan was looking on with an expression of pride on his face.

EPILOGUE

Después del espectáculo, me sentía físicamente agotada. Iba a empezar mis clases de español en Toledo al día
5 siguiente, pero sabía que no iba a poder dormir con todas las emociones que habían ocurrido durante el día.

10 Dentro del restaurante, la familia de Pablo estaba charlando y felicitando al Velilla. Pablo me miró con una expresión agradecida y
15 tranquila.

Salí al patio sola y me senté en una mesa en la esquina. Era de noche, pero todavía hacía
20 mucho calor. Alrededor de mí, todos los clientes charlaban alegremente sobre el Velilla y de cuánto les había gustado el baile.
25
Me preguntaba por qué las dos familias se habían peleado en el pasado.

After the show, I felt physically exhausted. I was going to start my Spanish classes in Toledo the next day, but I knew that I was not going to be able to sleep with all the emotions that had occurred during the day.

Inside the restaurant, Pablo's family was chatting and congratulating Velilla. Pablo looked at me with a grateful and calm expression.

I went out on the patio alone and sat at a table in the corner. It was night, but it was still very hot. All around me, all the customers chatted happily about Velilla and how much they had loved the dance.

I wondered why the two families had fallen out in the past.

No entendía por qué don
Ernesto les había cortado el
agua y por qué Esmeralda y sus
hijos odiaban tanto a los del
5 restaurante.

Vi de reojo que Esmeralda y
don Ernesto estaban hablando a
la entrada del restaurante. Me
pareció ver que don Ernesto
10 había tocado la mano de
Esmeralda, pero no estaba
segura. Sancho, el anciano
perro, les miraba con atención
y, como era de esperar, la
15 gitana le dio un trozo de pan.

Esmeralda estaba diciendo algo
e intenté leer sus labios. No
podía estar segura, pero parecía
20 que dijera: «Te eché de
menos».

I didn't understand why Don
Ernesto had cut off the water
and why Esmeralda and her
children hated the restaurant so
much.

I saw out of the corner of my
eye that Esmeralda and Don
Ernesto were talking at the
entrance to the restaurant. I
thought I saw that Don Ernesto
had touched Esmeralda's hand,
but I wasn't sure. Sancho, the
old dog, was watching them
attentively and, as expected, the
gypsy woman gave him a piece
of bread.
Esmeralda was saying
something and I tried to read
her lips. I couldn't be sure, but
it looked like she was saying, *"I
missed you."*

Argés, Castilla la Mancha

@lajaponesadenegro
#japonesaenespaña #aprenderespañolesguay #japonesadelfuturo 

Gracias a los dueños de Casa Juancho que nos regalaron una noche de flamenco inolvidable. La joven estrella, Pablo Montoya, "el Velilla" se hizo famoso en Internet, ¡su baile es un furor! No te lo pierdas en Casa Juancho cada sábado a las diez de la noche.